westermann

AF634760

Diktate 3

Erarbeitet von

Sabine Willmeroth

Illustriert von

Matthias Berghahn

Zeichenerklärung

1 Aufgabe aus dem Anforderungsbereich I

1 Aufgabe aus dem Anforderungsbereich II

1 Aufgabe aus dem Anforderungsbereich III

Arbeite im Lernteam.

Scanne den Code und schaue ein Erklärvideo.

Wörter ableiten

Wörter merken

Das **r** als zweiter Buchstabe im Wort kann man nur gut hören, wenn man deutlich spricht.

Brille, drücken

1 Lies die Wörter. Markiere **r**.

Brille Brücke Dreck Frieden Kreuzung Programm
brennen drücken frieren fressen kratzen trocken

2 Schreibe die Wörter aus Aufgabe 1 ab. Markiere **r**.

Brille,

3 Setze Wörter aus Aufgabe 1 in die Sätze ein.
Einige musst du verändern.

Ich finde meine Brille nicht.

Wer hatte den ____________ unter den Schuhen?

Das ____________ ist heute langweilig.

Die ____________ führt über den Fluss.

Die Katze ____________ an den Möbeln.

Lina ____________ sich vor der Arbeit.

An der ____________ ist ein Unfall passiert.

Das ____________ Holz ____________ gut.

Im Winter ____________ ich im Gesicht.

1 Lies die Wörter. Markiere **Sp/sp**.

Spaß spät Spaziergang spazieren Spiegel spiegeln
Spitze spitz sportlich Sprache sprechen springen

2 Schreibe die Wörter aus Aufgabe 1 geordnet ab. Markiere **Sp/sp**.

Nomen: Spaß, ______________________________

____

Verben: ______________________________

____

Adjektive: ______________________________

3 Setze Wörter aus Aufgabe 1 in die Sätze ein.
Einige musst du verändern.

Mein Freund ___spricht___ zwei ______________.

Ich kann weit ______________, ich bin ______________.

Ein ______________ am Abend macht ______________.

In einem ______________ kann man sich ______________.

Der Bleistift ist nicht ______________, die ______________ ist abgebrochen.

Ich muss mich heute beeilen, sonst komme ich zu ______________.

Morgen wollen wir eine Runde um den See ______________.

Wörter mit St/st üben

1 Lies die Wörter. Markiere **St/st**.

Stadt Stamm stark Steuer steuern Stiel still
Stimme Stoff stolz Strand Straße Strauch
Strauß streichen streiten Stück Stuhl Sturm

2 Schreibe die Wörter aus Aufgabe 1 geordnet ab. Markiere **St/st**.

Nomen: Stadt, ____________________

____

____

Verben: ____________________

Adjektive: ____________________

3 Setze Wörter aus Aufgabe 1 in die Sätze ein.
Einige musst du verändern.

Der Strauß besteht aus fünfzehn Stielen.

Der __________ heult __________.

Ich __________ mit der Hand

über den weichen __________.

Die __________ endet am __________.

Sie sitzt __________ auf dem __________.

Er __________ sich mit lauter __________.

Hinter dem __________ liegt ein __________ Wurst.

Wörter mit mehreren Konsonanten üben

Wörter mit **mehreren Konsonanten** am Wortanfang muss man beim Schreiben deutlich mitsprechen.

schließen, schmecken

1 Lies die Wörter. Markiere die Konsonanten am Wortanfang.

schließen schließlich schlimm Schloss Schluss Schlüssel

schmecken Schmutz schmutzig

Schneemann Schnupfen schneien schnell schneiden

Schrank Schreck schrecklich schreien Schrift

Schwester schwimmen schwierig schwitzen schwer schwarz

2 Was passt: **l**, **m**, **n**, **r** oder **w**? Setze ein.

sch_W_eigen	sch___ecken	sch___eien	sch___eiden
sch___ießen	sch___immen	sch___itzen	sch___eien
Sch___oss	Sch___ift	Sch___eck	Sch___ester
Sch___uss	Sch___eemann	Sch___ank	Sch___upfen
Sch___üssel	Sch___utz	Sch___immbad	Sch___abel
sch___ießlich	sch___utzig	sch___ell	sch___imm
sch___ierig	sch___arz	sch___er	sch___ecklich

3 Schreibe Sätze mit den Wörtern aus Aufgabe 1.

____

____

Wörter mit mehreren Konsonanten üben

1 Was passt: **l**, **m**, **n**, **r** oder **w**? Setze ein. Schreibe die Sätze auf.

Meine Sch_w_ester hat sch___ecklichen Sch___upfen.

Meine Schwester

Der Sch___üssel lässt sich nur sch___er im Sch___anksch___oss drehen.

Wenn es sch___eit, bauen wir einen Sch___eemann.

Wer hat den sch___arzen Teppich versch___utzt?

Jonas sch___eit vor Sch___eck und sch___itzt.

Ich sch___eibe mit sch___ecklicher Sch___ift.

2 Diktiert euch gegenseitig Wörter von Seite 8.

Die Buchstaben **ng** sind im Wort nicht gut hörbar.

Angst

Hier hilft die Wortfamilie richtig zu schreiben!

1 Lies die Wörter. Markiere **ng**.

Angel angeln ängstlich Angst fangen Gefängnis
jung lang langsam Länge Menge Fußgänger
Hunger hungrig Gesang singen Sängerin

2 Schreibe die Wörter aus Aufgabe 1 ab. Markiere **ng**.

Angel,

3 Male die Wörter einer Wortfamilie in der gleichen Farbe an.

Angel	hungrig	ängstlich	jung	langsam
Sänger	angeln	Menge	Angst	vermengen
fangen	lang	singen	Gesang	Länge
Gefängnis	Fußgänger	Hunger	Fußgängerin	Junge
verlängern	Anglerin	gefangen	Sängerin	angstvoll
gegangen	vermengt	hungern	jünger	auffangen

Wörter mit nk üben

Die Buchstaben **nk** sind im Wort nicht gut hörbar.

krank

Hier hilft die Wortfamilie richtig zu schreiben!

1 Lies die Wörter. Markiere **nk**.

schenken Geschenk krank Krankheit denken
links Punkt pünktlich Schrank trinken Getränk
winken Wink stinken Gestank blinken Blinker

2 Schreibe die Wörter aus Aufgabe 1 ab. Markiere **nk**.

schenken,

3 Male die Wörter einer Wortfamilie in der gleichen Farbe an.

schenken	links	krank	pünktlich	Stinktier
denken	Getränk	getrunken	blinken	bedenken
stinken	Geschenk	Blinklicht	nachdenken	winken
Punkt	Linkshänder	Gestank	Krankheit	Blinker
Schrank	trinken	Schranktür	Wink	kränklich
gewunken	Krankenhaus	verschenken	punkten	Trinkflasche

Wörter mit ß üben

Das **ß** steht **am Anfang der zweiten Silbe.**
Die **erste Silbe** ist **offen,**
der **Vokal** in der ersten Silbe wird **lang gesprochen.**

drau ßen

1 Lies die Wörter. Setze Silbenbögen. Markiere **ß**.

außen äußerlich außerdem draußen beißen schließen Soße

fleißig fließen gießen grüßen reißen Straße Süßigkeit

2 Schreibe die Wörter aus Aufgabe 1 ab.

außen,

3 Verlängere die Wörter.

Fuß – Füße	heiß – heißer Tee
Spaß –	groß –
Gruß –	süß –
Stoß –	weiß –

4 Schreibe die Wörter mehrmals auf.

bloß	
Fleiß	
weiß	

Wörter mit ch und sch üben

Wörter mit **ch** oder **sch** in der Wortmitte oder am Wortende muss man deutlich sprechen, um zu hören, wie sie geschrieben werden.

Licht, Milch **Fisch, Tische**

1 Lies die Wörter. Markiere **ch**.

leuchten Unterricht wichtig Milch manchmal möchten
nicht richtig Licht mich sich Zeichen kriechen

2 Schreibe die Wörter aus Aufgabe 1 geordnet ab. Markiere **ch**.

ch in der Mitte: leuchten,

ch am Ende:

3 Lies die Wörter. Markiere **sch**.

Maschine Mensch klatschen Fisch Tisch naschen
waschen Wäsche zwischen duschen rutschen Quatsch

4 Schreibe die Wörter aus Aufgabe 1 geordnet ab. Markiere **sch**.

sch in der Mitte: Maschinen,

sch am Ende:

Das **r** am Ende der ersten Silbe wird nicht deutlich als **r** gesprochen.
Die **Silbe** ist **geschlossen**, aber der Vokal wird durch das **r lang** gesprochen.

warten, Garten

1 Lies. Setze Silbenbögen. Markiere **r**.

lernen merken turnen warten werfen werden

dürfen würfeln ärgern parken stärken warnen

2 Schreibe die Verben aus Aufgabe 1 ab. Markiere **r**.

lernen,

3 Fülle die Tabelle aus. Markiere **r**.

	ich	du	er	wir
lernen	lerne	lernst	lernt	lernen
merken				
turnen				
warten				
werfen				
werden				
dürfen				
warnen				
parken				

Diktat 1: Wörter deutlich und in Silben sprechen

1 Lies die Texte auf Seite 16. Wähle einen Text aus und kreuze an.

◯ Text 1 ◯ Text 2 ◯ Text 3

2 Lass dir den Text diktieren. Schreibe in dein Heft.
Übe mit einem Partnerkind oder nutze den QR-Code.

3 Kontrolliere deinen Text mit der Vorlage auf Seite 16.
Schreibe deine Fehlerwörter oder Fehlersätze richtig auf.
Markiere schwierige Stellen im Wort.

So zufrieden bin ich:

Text 1
Mein Freund
Am Wochenende besucht mich mein Freund.
Er lebt in England und spricht zwei Sprachen.
Er hat mir ein schönes Geschenk mitgebracht.
Leider ist er etwas krank. Außerdem hat er Hunger.
Wir setzen uns an einen Tisch und trinken ein heißes Getränk.
Wir naschen auch süßen Kuchen. Dann spazieren wir durch die Straßen.
Das macht uns großen Spaß.

Text 2
Mein Freund
Am Wochenende besucht mich mein Freund.
Er lebt in England und spricht zwei Sprachen.
Wir drücken uns und sprechen fröhlich miteinander.
Er hat mir ein schönes Geschenk mitgebracht.
Leider ist er etwas krank. Er hat einen schlimmen Schnupfen.
Außerdem hat er Hunger. Wir setzen uns draußen an einen Tisch
und trinken heißen Tee mit Milch. Wir naschen auch süßen Kuchen.
Dann spazieren wir langsam durch die Straßen der Stadt.
Das macht uns großen Spaß.

Text 3
Mein Freund
Am Wochenende besucht mich mein Freund.
Er lebt in England und spricht zwei Sprachen.
Wir drücken uns und sprechen fröhlich miteinander.
Er hat mir ein schönes Geschenk mitgebracht.
Leider ist er etwas krank. Er hat einen schlimmen Schnupfen.
Außerdem ist er hungrig. Wir setzen uns draußen an einen Tisch
und trinken heißen Tee mit Milch. Wir naschen auch süßen Kuchen.
Dann spazieren wir langsam durch die Straßen der Stadt.
Es sind viele Fußgänger unterwegs.
Bunte Lichter blinken um uns herum. Das macht uns großen Spaß.

Du willst noch mehr üben?
Hier findest du weitere Diktatsätze:

Nomen erkennen und großschreiben

Es gibt drei **Nomenproben**, die helfen, ein Nomen zu erkennen.

1. Probe: Nomen haben **Artikel**.

der Ball — **die** Tasche — **das** Kind
ein Ball — **eine** Tasche — **ein** Kind

2. Probe: Nomen gibt es oft in der **Einzahl** und der **Mehrzahl**.

ein **Ball** – viele **Bälle**

3. Probe: Vor Nomen kann man ein **Schiebewort** setzen.

der **kleine** Ball

1 Führe die Nomenproben durch.

Nomen	Artikel	Mehrzahl	Schiebewort
BALL	der Ball ein Ball	viele Bälle	der kleine Ball
BLUME			
TIER			
BERG			
FOTO			
TÜR			
HUND			
HAUS			
BAUM			
MANN			
KIND			

Abstrakte Nomen großschreiben

Abstrakte Nomen werden großgeschrieben.

die Angst

1 Lies die Nomen. Markiere den großen Anfangsbuchstaben.

Angst Durst Frieden Geburt Gefühl
Gefahr Glück Geruch Hitze
Hunger Idee Kraft Kunst Musik
Natur Ruhe Technik Ton Tiefe
Vorsicht Ziel Zeit Zukunft

Abstrakt ist etwas, das man nicht anfassen, aber fühlen, hören, riechen und sich vorstellen kann.

2 Schreibe die Nomen aus Aufgabe 1 mit dem bestimmten Artikel auf.

die Angst, der Durst,

3 Schreibe die Nomen aus Aufgabe 1 auf, die keine Mehrzahl haben.

der Durst,

Abstrakte Nomen großschreiben

1 Lies den Text. Markiere alle Nomen.

Ich wache auf und habe großen hunger und durst.
Zum glück macht mein vater schon das frühstück.
Der leckere geruch von brötchen und milch steigt mir in die nase.
Papa hört in der küche musik aus dem radio und singt laut mit.
Ich habe nur wenig zeit, weil ich zur schule gehen muss.

2 Schreibe den Text aus Aufgabe 1 richtig auf. Schreibe die Nomen groß.

Zusammengesetzte Nomen großschreiben

Nomen können mit anderen Wörtern zusammengesetzt werden und ein neues **zusammengesetztes Nomen** bilden.
Man muss die einzelnen Wörter erkennen, um richtig zu schreiben.

die Autobahn → das Auto + die Bahn

1 Lies die Nomen. Unterstreiche die einzelnen Nomen in zwei Farben.

Autobahn	Babydecke	Beispielsatz	Vogelkäfig
Fuchsbau	Flurlicht	Handyverbot	Blitzschlag
Hobbykoch	Fehlerzahl	Lehrerzimmer	Ferienbeginn

2 Trenne die zusammengesetzten Nomen aus Aufgabe 1. Schreibe mit Artikel.

die Autobahn	das Auto + die Bahn
die Babydecke	das Baby +

Zusammengesetzte Nomen großschreiben

Bei manchen Zusammensetzungen braucht man einen **Fugenlaut** (**s**, **n**), um das Wort besser sprechen zu können.
Man muss die einzelnen Wörter und Laute erkennen, um richtig zu schreiben.

der Geburtstag: die Geburt + s + der Tag,
das Brillengestell: die Brille + n + das Gestell

1 Lies die Nomen. Unterstreiche die einzelnen Nomen in zwei Farben. Markiere.

Geburtstag	Adventskranz	Verbotsschild	Zeitungspapier
Nahrungsmittel	Ortsteil	Vereinsfest	Tannenbaum
Vorfahrtsregel	Skizzenblock	Deckenlampe	Jackentasche

2 Trenne die zusammengesetzten Nomen aus Aufgabe 1. Schreibe mit Artikel.

der Geburtstag	die Geburt + s + der Tag
der Adventskranz	der Advent +

Zusammengesetzte Nomen mit Schiebewort großschreiben

Auch vor **zusammengesetzte Nomen** kann man ein **Schiebewort** setzen.
Es wird **zwischen** Artikel und Nomen geschoben.

der schöne Geburtstag

1 Unterstreiche das Schiebewort. Markiere das Nomen.

die weiche Babydecke die alte Autobahn das helle Flurlicht

2 Setze das Schiebewort zwischen Artikel und Nomen.

Der Vogelkäfig ist offen. der offene Vogelkäfig

Der Beispielsatz ist lang. __________

Der Fuchsbau ist verlassen. __________

Der Hobbykoch ist aufgeregt. __________

Der Adventskranz ist grün. __________

Die Deckenlampe ist hell. __________

Das Verbotsschild ist neu. __________

3 Markiere die Nomen. Schreibe sie richtig auf.

Ich repariere die ausgefranste jackentasche. Jackentasche

Wir zerreißen das alte zeitungspapier. __________

Wir besuchen das lustige vereinsfest. __________

Sie wohnt im neuen ortsteil. __________

Wir notieren die gute ideensammlung. __________

Ich kenne gesunde nahrungsmittel. __________

Er hat einen schönen glücksbringer. __________

Satzanfänge im Text großschreiben

Der Satzanfang wird immer **großgeschrieben**.
Jeder Satz endet mit einem **Satzschlusszeichen**.
Das kann ein Punkt **.**, ein Fragezeichen **?** oder ein Ausrufezeichen **!** sein.

1 Lies die Sätze. Schreibe den Satzanfang groß.
Setze das passende Satzschlusszeichen.

unsere	Unsere	Internetverbindung ist ziemlich langsam .
meine	________	Mutter ist deshalb ärgerlich___
sie	________	merkt das beim Arbeiten___
ich	________	merke das beim Spielen am Computer___
meine	________	Oma merkt es beim Surfen im Internet___
wieso	________	ist die Internetverbindung langsam___
lasst	________	uns der Sache auf den Grund gehen___
meine	________	Mutter ruft beim Netzbetreiber an___
meine	________	Oma ruft bei der Stadt an___
hurra	________	, es gibt ein Ergebnis___
in	________	unserer Straße fehlt ein Kabel___
die	________	Gemeinde muss das ändern___
bleib	________	dran, Mama___
super	________	, wir bekommen schnelles Internet___
das	________	wird toll___
jetzt	________	klappt alles wieder gut___
will	________	noch jemand meckern___
los	________	geht's___

Satzanfänge im Text großschreiben

1 Lies den Text. Setze Striche, wo ein Satz endet.

meine Mutter häkelt eine Babydecke für meine ältere Cousine | sie bekommt bald ihr erstes Kind die Decke ist aus weicher Schafwolle und hat ein tolles Muster am liebsten hätte ich so eine Decke auch für mein Bett ob ich meine Mutter überreden kann, mir auch so eine Decke zu häkeln ich wünsche mir dann blaue Wolle

2 Markiere im Text aus Aufgabe 1 die Satzanfänge. Setze Satzzeichen.

3 Schreibe den Text aus Aufgabe 1 richtig auf.

Meine Mutter

Diktat 2: Nomen und Satzanfänge großschreiben

1 Lies die Texte auf Seite 26. Wähle einen Text aus und kreuze an.

◯ Text 1 ◯ Text 2 ◯ Text 3

2 Lass dir den Text diktieren. Schreibe in dein Heft.
Übe mit einem Partnerkind oder nutze den QR-Code.

3 Kontrolliere deinen Text mit der Vorlage auf Seite 26.
Schreibe deine Fehlerwörter oder Fehlersätze richtig auf.
Markiere schwierige Stellen im Wort.

So zufrieden bin ich:

Diktat 2: Texte

Text 1
Am Morgen
Ich wache auf und habe großen Hunger und Durst.
Zum Glück macht mein Vater schon das Frühstück.
Der leckere Geruch von Brötchen und Milch
steigt mir in die Nase.
Mama hört in der Küche Musik aus dem Radio und singt mit.
Heute habe ich nur wenig Zeit, weil ich zur Schule muss.
Aber ich freue mich schon auf das gemütliche Sonntagsfrühstück.

Text 2
Die Babydecke
Meine Mutter häkelt eine Babydecke für meine ältere Schwester.
Sie bekommt bald ihr erstes Kind.
Die Decke ist aus weicher Schafwolle
und hat ein tolles Muster.
Am liebsten hätte ich so eine Decke auch für mein Bett.
Ob ich meine Mutter überreden kann,
mir auch so eine Decke zu häkeln?
Ich wünsche mir dann blaue Wolle.
Die Decke passt dann gut zu meinem Kuschelkissen.

Text 3
Die Internetverbindung
Unsere Internetverbindung ist ziemlich langsam.
Meine Mutter merkt das bei der Arbeit.
Meine Mutter ruft beim Netzbetreiber an.
In unserer Straße fehlt ein Kabel.
Die Gemeinde wird das bald ändern.
Die Arbeiten dauern noch vier Monate.
Dann bekommen wir schnelles Internet.
Juhu! Ob wir dann gemeinsam ein Computerspiel spielen?
Das wäre großartig!

Du willst noch mehr üben?
Hier findest du weitere Diktatsätze:

Nomen mit b/d/g am Wortende schreiben

Nomen, die mit **b**, **d** oder **g enden**, muss man **verlängern**, um das Wortende genau zu hören.
Bei Nomen bildet man dafür die Mehrzahl.

viele Abende, viele Käfige, viele Urlaube

1 Lies die Nomen. Markiere **b**, **g** oder **p** am Wortende.

Abend Krieg Laub Brand Jugend Tod
Land Lob Erfolg Käfig Strand Urlaub

2 Schreibe die Wörter aus Aufgabe 1 ab. Markiere **b**, **g** oder **p** am Wortende.

Abend,

3 Schreibe die Nomen in der Mehrzahl und Einzahl auf.
Markiere **b**, **g** oder **p** am Wortende.

Abend	viele Abende – ein Abend
Krieg	
Land	
Erfolg	
Käfig	
Strand	
Brand	
Urlaub	
Tag	
Kind	
Hund	

Zusammengesetze Nomen mit b/d/g schreiben

Zusammengesetzten Nomen, die mit **b**, **d** oder g **enden**,
muss man zuerst trennen und dann **verlängern**,
um das Wortende zu hören.

ein Mittagessen → ein Mittag – viele Mittage + ein Essen

1 Lies die zusammengesetzten Nomen. Markiere **b**, **g** oder **p**.

Mittagessen Käfighaltung Handtuch Laubbaum Schreibtisch

2 Trenne die zusammengesetzten Nomen.
Verlängere das erste Nomen. Bilde die Mehrzahl.

Mittagessen	ein Mittag – viele Mittage + ein Essen
Käfighaltung	
Handtuch	
Laubbaum	
Schreibtisch	

3 Trenne die zusammengesetzten Nomen.
Verlängere beide Nomen. Bilde die Mehrzahl.

Waldweg	viele Wälder – ein Wald, viele Wege – ein Weg
Bergwerk	
Feldweg	
Waldbrand	
Laubwald	
Handstand	
Käfigwand	
Flugzeug	

Nomen mit b/d/g schreiben

1 Lies die Sätze. Entscheide und streiche durch.

Am Aben(t/d) sitze ich an meinem Schrei(b/p)tisch.

Am Stran(t/d) gibt es viel San(t/d) und Win(t/d).

Mein Geburtsta(k/g) fällt dieses Jahr auf einen Monta(k/g).

Unsere Klasse besucht am Freita(k/g) ein Ber(k/g)wer(k/g).

Im Urlau(p/b) gab es einen Wal(t/d)bran(t/d) bei uns.

Wo ist das karierte Han(t/d)tuch geblieben?

Die Eier kommen von Hühnern aus Käfi(k/g)haltun(k/g).

2 Schreibe die Sätze aus Aufgabe 1 richtig auf.

Am Abend

Verben mit b in der Wortmitte schreiben

Verben, mit **b** in der Wortmitte, muss man verlängern,
um den Laut genau zu hören.
Bei **Verben** hilft die **Wir-Form** oder die **Grundform**.

kleben, wir kleben – es klebt

1 Lies die Verben. Markiere **b** in der Wortmitte.

es klebt du schreibst er hebt ihr lobt er tobt sie reibt er probt
sie glaubt ihr übt er lebt du liebst es gibt du bleibst du schiebst

2 Schreibe die Verben aus Aufgabe 1 in der Wir-Form auf. Markiere **b**.

wir kleben – es klebt	wir schreiben – du schreibst

3 Entscheide: **b** oder **p**? Setze ein.

er pum_p_t	du kle___st	ihr pro___t
ihr ge___t	er hu___t	du lie___st
sie rei___t	ihr lie___t	ihr ü___t
er schie___t	sie he___t	es gi___t
sie ü___t	du rei___t	du schie___st
du glau___st	ihr le___t	er blei___t

Verben mit g in der Wortmitte schreiben

Verben, mit **g** in der Wortmitte, muss man verlängern, um den Laut genau zu hören.
Bei **Verben** hilft die **Wir-Form** oder die **Grundform**.

sagen, wir sagen – sie sagt

1 Lies die Verben. Markiere **g** in der Wortmitte.

du sagst es fliegt sie biegt ihr fragt ihr legt er bewegt
sie saugt du fegst ihr zeigt er pflegt sie schweigt ihr schlagt
es springt er jagt es hängt ihr fangt ihr tragt du lügst

2 Schreibe die Verben aus Aufgabe 1 in der Wir-Form auf. Markiere **g**.

wir sagen – du sagst	wir fliegen – du fliegst

3 Entscheide: **g** oder **k**? Setze ein.

er schen k t	ihr len___t	ihr sä___t
sie win___t	du mer___st	es bewe___t
ihr sa___t	er zei___t	du schwei___st

Nomen und Verben mit b/g/d schreiben

1 Lies die Sätze. Entscheide und streiche durch. Schreibe die Sätze richtig auf.

Sie ü$^{p}_{b}$t jeden Ta$^{k}_{g}$ mit Erfol$^{k}_{g}$ Han$^{t}_{d}$ stan$^{t}_{d}$.

Sie übt jeden Tag

Ich habe mir jedes Wor$^{t}_{d}$ gemer$^{k}_{g}$t.

Der Käfi$^{k}_{g}$ hän$^{k}_{g}$t im Ba$^{t}_{d}$ an der Wan$^{t}_{d}$.

Oma trä$^{k}_{g}$t ein neues Klei$^{t}_{d}$ und einen Kor$^{p}_{b}$.

Du schie$^{p}_{b}$st das Ra$^{t}_{d}$ über den Fel$^{t}_{d}$ we$^{k}_{g}$.

Er gi$^{p}_{b}$t viel Gel$^{t}_{d}$ für ein Geschen$^{k}_{g}$ aus.

Sie schwei$^{k}_{g}$t, als er sie nach dem We$^{k}_{g}$ fra$^{k}_{g}$t.

Der Chor pro$^{p}_{b}$t am Diensta$^{k}_{g}$ ein neues Lie$^{t}_{d}$.

Lisa sa$^{k}_{g}$t, dass ihre Freundin manchmal lü$^{k}_{g}$t.

Im Urlau$^{p}_{b}$ haben wir ein Ber$^{k}_{g}$wer$^{k}_{g}$ besucht.

Verben mit b/g im Präteritum schreiben

Verben im Präteritum, die mit **b** oder **g** enden,
muss man verlängern.
Bei **Verben** hilft die **Wir-Form** oder die **Grundform**.

er gab – wir geben, geben

1 Lies die Verben. Markiere **b** oder **g** am Wortende.

er gab sie lag er schwieg sie bog er schlug es blieb
sie rieb es sprang sie schrieb es hob es hing sie flog
er fing sie trug er log sie zog sie stieg er wog

2 Male die Personalformen und die Grundform in der gleichen Farbe an.

er gab	es blieb	er wog	hängen
sie rieb	schweigen	es lag	sie flog
er fing	geben	es hing	fliegen
steigen	ziehen	er sprang	es hob
sie lag	ich schrieb	sie schrieb	schlagen
sie log	er schwieg	es flog	es sprang
sie zog	liegen	es blieb	biegen
ich rieb	tragen	er schlug	wir zogen
er log	lügen	sie bog	bleiben
reiben	sie hoben	ich fing	du schwiegst
wir hingen	wiegen	ich bog	heben
springen	sie stieg	schreiben	du stiegst
sie gaben	fangen	ich trug	sie trug

Verben mit b/g schreiben

Die Seiten 29–32 helfen dir!

1 Fülle die Tabelle aus. Markiere.

Grundform	Präsens	Präteritum
schweigen	er schweigt	er schwieg
		er fing
	er liegt	
lügen		
schreiben		
	er trägt	
heben		
		er flog
hängen		
	er reibt	
ziehen		
wiegen		
		er bog
		er blieb
	er gibt	
		er stieg
zeigen		
		er schlug
jagen		

Diktat 3: Wörter verlängern

1 Lies die Texte auf Seite 36. Wähle einen Text aus und kreuze an.

◯ Text 1 ◯ Text 2 ◯ Text 3

2 Lass dir den Text diktieren. Schreibe in dein Heft.
Übe mit einem Partnerkind oder nutze den QR-Code.

3 Kontrolliere deinen Text mit der Vorlage auf Seite 36.
Schreibe deine Fehlerwörter oder Fehlersätze richtig auf.
Markiere schwierige Stellen im Wort.

So zufrieden bin ich:

Text 1
Papa im Chor
Papa singt am Abend im Chor.
Der Chor probt immer am Dienstag.
Papa fährt mit dem Rad zur Probe.
Zuerst übt der Chor ein neues Lied.
Der Chorleiter lobt den Chor.
Alle singen das neue Lied mit Erfolg.

Text 2
Papa im Chor
Papa singt am Abend im Chor.
Der Chor probt immer am Dienstag und am Donnerstag.
Papa fährt mit dem Rad zur Probe.
Er schiebt es unter einen Laubbaum und schließt es ab.
Heute übt der Chor ein neues Lied.
Der Chorleiter lobt den Chor und hebt die Hand.
Alle singen das neue Lied mit Erfolg.

Text 3
Papa im Chor
Papa singt am Abend und mit Erfolg im Chor.
Der Chor probt immer am Dienstag und am Donnerstag.
Mama schlägt vor, mit dem Rad zur Probe zu fahren.
Papa schiebt es unter einen Laubbaum und schließt es ab.
Heute übt der Chor ein neues Lied.
Alle merken sich den Text. Der Chorleiter lobt den Chor.
Er hebt die Hand und zeigt den Einsatz.
Alle mögen das neue Lied und geben sich Mühe.
Eine Sängerin ist krank, deshalb schweigt sie
und bewegt nur den Mund.

Du willst noch mehr üben?
Hier findest du weitere Diktatsätze:

Verben mit doppelten Konsonanten schreiben

Bei **Verben** mit **doppelten Konsonanten** wird der **Vokal** vor den doppelten Konsonanten **kurz** gesprochen.
Die **Silbe** ist **geschlossen**.

kennen, er kennt

1 Lies die Personalformen. Markiere die doppelten Konsonanten.

er kennt es frisst sie hofft es fällt es brennt sie kämmt
er beginnt er küsst sie lässt ihr messt du bekommst
er gewinnt sie gefällt es passt du rennst es stimmt
du triffst er vergisst ihr schwimmt ihr schafft er stellt
er knurrt sie rettet du kommst er bellt sie isst

Einmal doppelt, immer doppelt!

2 Schreibe die Verben aus Aufgabe 1 in der Grundform. Markiere.

er kennt – kennen	es frisst –

Verben mit doppelten Konsonanten schreiben

Einige **Verben** mit doppelten Konsonanten haben **unregelmäßige** Formen.

müssen – er muss

1 Male Grundform und Personalform in der gleichen Farbe an.

müssen	können	sollen	wollen	essen
er isst	er soll	er will	er muss	er kann

2 Fülle die Tabelle aus. Markiere.

Grundform	du	er	ihr
beginnen	beginnst	beginnt	beginnt
fressen			
hoffen			
kämmen			
kennen			
küssen			
lassen			
messen			
gefallen			
passen			
wollen			
rennen			
stimmen			
treffen			
essen			
verlassen			

Zusammengesetze Nomen mit Doppelkonsonanz schreiben

Zusammengesetzte Nomen mit doppelten Konsonanten muss man zuerst trennen, um sie richtig zu schreiben.

der Ballwagen → der Ball + der Wagen

1 Lies die Nomen. Unterstreiche die beiden Nomen.

Ballwagen Bettbezug Stoffbeutel Flussfähre Brettspiel
Lammwolle Knallerbse Passfoto Fallgrube
Schiffschraube Schlossgespenst Müllberg Nusskuchen
Stalltür Schussfahrt Bisswunde Kussgeräusch
Fellweste Blattlaus Stammbaum Wollschal Fettfleck

2 Markiere in den Wörtern in Aufgabe 1 die doppelten Konsonanten.

Einmal doppelt, immer doppelt!

3 Schreibe die Nomen mit doppelten Konsonanten aus Aufgabe 1 in der Einzahl und Mehrzahl auf. Markiere die Doppelkonsonanten.

ein Ball – viele Bälle	ein Bett – viele

Verben mit ck schreiben

Bei **Verben** mit **ck** wird der **Vokal** vor **ck kurz** gesprochen.
Die **Silbe** ist **geschlossen**.

backen – er backt

1 Lies die Verbformen. Markiere **ck**.

er backt ihr blickt du druckst er drückt ihr hackt
es tickt sie weckt ihr entdeckt sie packt du pflückst
er zockt es schmeckt du versteckst sie erschreckt

2 Schreibe die Verben aus Aufgabe 1 in der Grundform. Markiere **ck**.

Einmal **ck**, immer **ck**!

er backt – backen	ihr blickt –

3 Schreibe die Verben aus Aufgabe 1 in der Ich-Form. Markiere **ck**.

ich backe, ich

Bei **Verben** mit **tz** wird der Vokal vor **tz kurz** gesprochen.
Die **Silbe** ist **geschlossen**.

sich setzen – er setzt sich

1 Lies die Verbformen. Markiere **tz**.

er setzt sich   es blitzt   sie kratzt   es nützt   sie flitzt
du spritzt   sie schwitzt   er verschmutzt   er schützt
ihr putzt   sie sitzt   es platzt   du motzt   ihr glotzt

Einmal **tz**, immer **tz**!

2 Schreibe die Verben aus Aufgabe 1 in der Grundform. Markiere **tz**.

er setzt sich – sich setzen	es blitzt –

3 Schreibe die Verben aus Aufgabe 1 in der Du-Form. Markiere **tz**.

du setzt dich, du

Zusammengesetze Nomen mit ck/tz schreiben

Zusammengesetzte Nomen mit **ck** und **tz** muss man zuerst trennen, um sie richtig zu schreiben.

der Blickkontakt → der Blick + der Kontakt
der Schmutzfink → der Schmutz + der Fink

1 Lies die Nomen. Unterstreiche die beiden Nomen.

Blickkontakt Blockflöte Fleckmittel Stückzahl
Rocksaum Versteckspiel Schatzkiste
Schrecksekunde Dreckspatz Blitzeinschlag Platzregen
Holzpflock Trickdieb Sitzreihe
Satzzeichen Schmutzfink Schutzhütte Witzbold

2 Markiere in den Wörtern in Aufgabe 1 **ck** und **tz**.

Einmal **ck** oder **tz**, immer **ck** oder **tz**!

3 Schreibe die Nomen mit **ck** und **tz** aus Aufgabe 1 in der Einzahl und Mehrzahl auf. Markiere **ck** und **tz**.

ein Blick – viele Blicke	

Vergleichsformen von Adjektiven schreiben

1 Markiere in der Tabelle die doppelten Konsonanten, **ck** und **tz**.

2 Bilde die Vergleichsformen der Adjektive.

Grundform	1. Vergleichsform	2. Vergleichsform
hell	heller	am hellsten
nett		am
still		am
toll		am
schnell		am
satt		am
voll		am
dumm		am
fett		am
glatt		am
nass		am
krumm		am
dick		am
spitz		am
wirr		am
dünn		am
grell		am
platt		am
schlimm		am
flott		am
schick		am

Adjektive als Schiebewörter verwenden

Adjektive verändern sich als Schiebewort.

krumm – die krumme Banane

1 Schreibe Sätze. Markiere.

Die Banane ist krumm. – Ich esse die krumme Banane.

Der Eimer ist voll. – Ich trage den ____________________

Die Katze ist schnell. – Ich sehe die ____________________

Das Eis ist glatt. – Ich rutsche auf dem ____________________

Die Suppe ist fett. – Ich esse die ____________________

Der Stern ist hell. – Ich sehe den ____________________

Die Nachbarin ist nett. – Ich grüße die ____________________

Der Tag war toll. – Ich freue mich über den ____________________

Das Baby ist satt. – Ich schaukele das ____________________

Die Hose ist nass. – Ich trockne die ____________________

Der Witz ist dumm. – Ich höre den ____________________

Die Kinder sind still. – Ich lobe die ____________________

Der Stift ist spitz. – Ich schreibe mit dem ____________________

Das Schwein ist dick. – Ich füttere das ____________________

Das Eis ist dünn. – Ich meide das ____________________

Der Pulli ist schick. – Ich liebe den ____________________

Die Arbeit ist schlimm. – Ich meckere über die ____________________

Der Tanz ist flott. – Ich übe den ____________________

Wörter mit ss oder s schreiben

Ist die 1. Silbe **offen** und wird der Vokal **lang** gesprochen, folgt ein **summendes**, weich klingendes **s**.

grasen, reisen

Ist die 1. Silbe **geschlossen** und der Vokal **kurz** gesprochen, folgt ein **zischendes**, scharf klingendes **ss**.

wissen, Klasse

1 Lies die Wörter. Markiere **s** und **ss**. Zeichne Silbenbögen.

Wasser	Gräser	Tasse	wissen	essen	Nase
grasen	küssen	Kreise	Klasse	reisen	Dose

2 Ordne die Wörter aus Aufgabe 1 in die Tabelle ein.

1. Silbe offen → **s**	1. Silbe geschlossen → **ss**
Gräser	Wasser

3 Entscheide: **ss** oder **s**? Setze ein.

Nach **ie**, **au**, **eu** oder **äu** steht nie Doppel-s!

Mäu_s_e	mü___en	Wie___e	Ro___e	ra___en
Läu___e	Schlö___er	Nü___e	fa___en	Rie___e

Wörter mit ß oder s schreiben

Ist die 1. Silbe offen, wird der Vokal lang gesprochen.
Dann kann **s** oder **ß** zu Beginn der zweiten Silbe stehen.

s zu Beginn der 2. Silbe klingt **summend**.
grasen, reisen

ß zu Beginn der 2. Silbe klingt **zischend**.
fließen, reißen

1 Lies die Wörter. Markiere **s** und **ß**. Zeichne Silbenbögen.

Hose	Straße	spaßen	fließen	Rose	lesen
Sträuße	reißen	Vase	größer	Besen	losen

2 Ordne die Wörter aus Aufgabe 1 in die Tabelle ein.

klingt summend → **s**	klingt zischend → **ß**
Hose	Straße

3 Entscheide: **ß** oder **s**? Setze ein.

schie_ß_en	gie___en	Bla___e	sü___er	Ho___e	bei___en
Ga___e	Lo___e	Spie___e	spei___en	grü___en	nie___en
Ra___en	Grä___er	Stra___e	Fü___e	flie___en	sau___en

Diktat 4: Wörter mit Doppelkonsonanten, ck, tz, ß schreiben

1 Lies die Texte auf Seite 48. Wähle einen Text aus und kreuze an.

◯ Text 1 ◯ Text 2 ◯ Text 3

2 Lass dir den Text diktieren. Schreibe in dein Heft.
Übe mit einem Partnerkind oder nutze den QR-Code.

3 Kontrolliere deinen Text mit der Vorlage auf Seite 48.
Schreibe deine Fehlerwörter oder Fehlersätze richtig auf.
Markiere schwierige Stellen im Wort.

So zufrieden bin ich:

Text 1
Der Ausflug
Wir wollen uns zu einem Ausflug treffen.
Sina kann nicht mitkommen, sie muss Hausaufgaben machen.
Wir rennen, um die Flussfähre nicht zu verpassen.
Sie bringt uns schnell über das Wasser.
Plötzlich beginnt es zu regnen. Das ist ein schlimmer Platzregen.
Nass schaffen wir es in eine Schutzhütte. Es blitzt und donnert.

Text 2
Der Ausflug
Ich will mich mit meinen Freundinnen zu einem Ausflug treffen.
Ich kenne meine Mutter, darum muss ich zuerst die Hausaufgaben schaffen.
Es nützt nichts, also beginne ich mit dem Text zu den Satzzeichen.
Dann messe ich etwas für Mathe aus und male ein Bild auf meinem Block.
Dann lässt meine Mutter mich gehen und ich renne zum Treffpunkt.
Meine Freundinnen sitzen auf der Wiese. Sina kommt mit entgegen.

Text 3
Der Ausflug
Ich will mich mit meinen netten Freundinnen
zu einem tollen Ausflug treffen. Wer meine Mutter kennt, weiß,
dass ich zuerst meine Hausaufgaben schaffen muss.
Es nützt nichts, also beginne ich schnell
mit dem dummen Text zu den Satzzeichen.
Ich spitze meinen Bleistift, messe etwas für Mathe aus
und male ein Bild auf meinem dicken Block.
Dann lässt meine Mutter mich schließlich gehen
und ich renne schnell zum Treffpunkt.
Meine Freundinnen sitzen am Fluss auf der Wiese
und warten auf die Flussfähre. Kim kämmt sich
mit einem krummen Kamm die lockigen Haare glatt.

Du willst noch mehr üben?
Hier findest du weitere Diktatsätze:

Nomen mit dem Wortbaustein -heit schreiben

Am nachgestellten **Wortbaustein -heit** erkennt man **Nomen**.
Nomen schreibt man groß.

die Gesundheit

1 Lies die Nomen. Markiere **-heit**.

Gesundheit Krankheit Wahrheit Freiheit Mehrheit
Trockenheit Dunkelheit Blindheit Gemeinheit Klugheit
Frechheit Neuheit Schönheit Taubheit Faulheit

2 Schreibe die Nomen aus Aufgabe 1 ab. Markiere **-heit**.

Gesundheit,

3 Schreibe die Adjektive auf, die in den Nomen stecken.

die Gesundheit – gesund	die Krankheit –
die Wahrheit –	die Freiheit –
die Zufriedenheit –	die Trockenheit –
die Dunkelheit –	die Blindheit –
die Gemeinheit –	die Klugheit –
die Frechheit –	die Neuheit –
die Schönheit –	die Taubheit –
die Faulheit –	die Offenheit –

Am nachgestellten **Wortbaustein -keit** erkennt man **Nomen**.
Nomen schreibt man groß.

die Feuchtigkeit

1 Lies die Nomen. Markiere **-keit**.

Feuchtigkeit Flüssigkeit Fröhlichkeit Pünktlichkeit
Schwierigkeit Süßigkeit Traurigkeit Übelkeit
Ehrlichkeit Ähnlichkeit Deutlichkeit Empfindlichkeit

2 Schreibe die Nomen aus Aufgabe 1 ab. Markiere **-keit**.

Feuchtigkeit,

3 Schreibe die Adjektive auf, die in den Nomen stecken.

die Feuchtigkeit – feucht	die Flüssigkeit –
die Fröhlichkeit –	die Pünktlichkeit –
die Schwierigkeit –	die Süßigkeit –
die Traurigkeit –	die Übelkeit –
die Ehrlichkeit –	die Ähnlichkeit –
die Deutlichkeit –	die Empfindlichkeit –
die Tätigkeit –	die Aufmerksamkeit –

Nomen mit dem Wortbaustein -ung schreiben

Am nachgestellten **Wortbaustein -ung** erkennt man **Nomen**.
Nomen schreibt man groß.

die Übung

1 Lies die Nomen. Markiere **-ung**.

Übung	Wohnung	Zeichnung	Lösung	Rechnung
Bohrung	Drehung	Erklärung	Erzählung	Erwartung
Heizung	Impfung	Kreuzung	Sammlung	Leerung

2 Schreibe die Nomen aus Aufgabe 1 ab. Markiere **-ung**.

Übung,

3 Schreibe die Verben auf, die in den Nomen stecken.

die Lösung – lösen	die Leerung –
die Übung –	die Wohnung –
die Bohrung –	die Drehung –
die Erklärung –	die Erzählung –
die Kreuzung –	die Heizung –
die Sammlung –	die Zeichnung –
die Rechnung –	die Trennung –

Nomen mit den Bausteinen -heit, -keit, -ung schreiben

1 Ergänze den richtigen Wortbaustein.

Neu heit	Samml______	Feuchtig______	Impf______
Zeit______	Übel______	Ehrlich______	Heiz______
Erwart______	Süßig______	Flüssig______	Frei______
Frech______	Erzähl______	Wohn______	Kreuz______
Pünktlich______	Schön______	Taub______	Rechn______
Trocken______	Traurig______	Blind______	Bohr______
Deutlich______	Wahr______	Stur______	Üb______

2 Bilde aus diesen Wörtern Nomen.
Nutze die Wortbausteine **-heit**, **-keit** oder **-ung**. Markiere.

lösen besser dumm erkälten freundlich belohnen einfach
gemein ähnlich dunkel faul erklären fröhlich
klug zeichnen drehen leeren schwierig krank neu

die Lösung,

Wörter mit dem Wortbaustein Ver-/ver- schreiben

Der vorangestellte **Wortbaustein Ver-/ver-** wird immer gleich geschrieben.

die Verbrennung, vergessen

1 Lies die Nomen. Markiere **Ver-**.

Verbrennung Verkleidung Verletzung Verpackung
Verschmutzung Verspätung Versammlung Verbindung
Verbot Verbrauch Verein Verkäufer Versteck
Versuch Vertrauen Vertrag Verkehr Vermutung

2 Schreibe die Nomen aus Aufgabe 1 ab. Markiere **Ver-**.

Verbrennung,

3 Bilde aus den Nomen aus Aufgabe 1 Verben. Markiere **ver-**.

verbrennen, verkleiden,

Wörter mit dem Wortbaustein Ver-/ver- schreiben

1 Lies die Verben. Markiere **ver-**.

verspäten verbieten verpacken verbrauchen verbrennen
verstecken vereinen vergessen versuchen verraten
verletzen verlieren verstehen vertrauen vermissen verbinden

2 Schreibe die Verben aus Aufgabe 1 ab. Markiere **ver-**.

verspäten,

3 Schreibe in verschiedenen Personalformen. Markiere **ver-**.

Grundform	du	er	ihr
verbieten	verbietest	verbietet	verbietet
verpacken			
verbrauchen			
versuchen			
verlieren			
verstehen			
vertrauen			
verstecken			

Wörter mit dem Wortbaustein Vor-/vor- schreiben

Der vorangestellte **Wortbaustein Vor-/vor-** wird immer gleich geschrieben.

die Vorfahrt, vorlaufen

1 Lies die Nomen. Markiere **Vor-**.

Vorfahrt Vorkommen Vorname Vormittag Vorschlag
Vorsicht Vorteil Vorrat Vorhang Vortrag Vorführung
Vorsprung Vorraum Vorplatz Vorsatz Vorurteil

2 Schreibe die Nomen aus Aufgabe 1 ab. Markiere **Vor-**.

Vorfahrt, ______

______

______

______

______

3 Setze Nomen aus Aufgabe 1 in die Sätze ein.

Mein Vorname ______ ist Hibba.

Am ______ bin ich in der Schule.

In der Aula gibt es eine ______.

Hinter dem ______ wartet der Chor.

Ich mache dir einen ______.

Auf der Straße ist ______ ganz wichtig.

Autofahrer haben oft ______.

Wörter mit dem Wortbaustein Vor-/vor- schreiben

1 Lies die Verben. Markiere **vor-**.

vorfahren vorkommen vorlesen vornehmen vorschlagen
vortragen vorschreiben vorlassen vorschieben vorziehen

2 Lies die Wörter. Markiere **vor-**.

voraus vorbei vorher vorne
vorhin vorgestern vorsichtig vorwärts

3 Schreibe die Verben aus Aufgabe 1 ab. Markiere **vor-**.

vorfahren, ______________________________

____

____

____

4 Setze die Personalformen in die Sätze ein.

vorfahren	Mama ____________ das Auto ________.
vorlesen	Ich ____________ aus einem Buch ________.
vortragen	Henry ____________ ein Gedicht ________.
vorschlagen	Wir ____________ ein Spiel ________.
vorlassen	Ich ____________ dich ________.
vorschreiben	Opa ____________ einen Brief ________.
vorschieben	Wir ____________ Arbeit ________ und sagen ab.

Adjektive mit dem Wortbaustein -ig schreiben

Am nachgestellten **Wortbaustein -ig** erkennt man **Adjektive**.
Der Wortbaustein wird immer gleich geschrieben.

lustig

1 Lies die Adjektive. Markiere **-ig**.

bergig dreckig durstig fertig fleißig flüssig häufig
hungrig kräftig lustig richtig riesig ruhig
witzig schwierig traurig vorsichtig unwichtig wichtig
eckig neugierig mutig geduldig schmutzig

2 Schreibe die Adjektive aus Aufgabe 1 als Schiebewort. Markiere **-ig**.

eine	bergige	Landschaft	ein		Schuh
ein		Kind	ein		Korb
eine		Aufgabe	ein		Mann
eine		Seife	ein		Fehler
eine		Katze	ein		Junge
ein		Lied	eine		Lösung
ein		Berg	eine		Klasse
ein		Handtuch	eine		Arbeit
ein		Erlebnis	ein		Mensch
eine		Abwechslung	ein		Ereignis
eine		Zuhörerin	ein		Eichhörnchen
ein		Mensch	eine		Geschichte

Adjektive mit dem Wortbaustein -lich schreiben

Am nachgestellten **Wortbaustein -lich** erkennt man **Adjektive**.
Der Wortbaustein wird immer gleich geschrieben.

fröhlich

1 Lies die Adjektive. Markiere **-lich**.

äußerlich ähnlich ängstlich deutlich ehrlich unglücklich
ärgerlich empfindlich friedlich fröhlich freundlich gefährlich
unfreundlich glücklich herrlich herzlich natürlich nützlich
kindlich ordentlich pünktlich schrecklich unendlich vergesslich

2 Schreibe die Adjektive aus Aufgabe 1 als Schiebewort. Markiere **-lich**.

eine	äußerliche	Wunde	eine		Farbe
ein		Kind	eine		Verbesserung
eine		Antwort	ein		Freund
eine		Zeit	ein		Gedicht
eine		Oma	ein		Spiel
eine		Familie	ein		Wetter
ein		Gruß	ein		Geschmack
ein		Geschenk	ein		Zimmer
ein		Beginn	ein		Erlebnis
eine		Geschichte	ein		Mensch
ein		Zufall	ein		Erlebnis
ein		Missgeschick	ein		Witz

Diktat 5: Wörter mit Wortbausteinen schreiben

1 Lies die Texte auf Seite 60. Wähle einen Text aus und kreuze an.

◯ Text 1 ◯ Text 2 ◯ Text 3

2 Lass dir den Text diktieren. Schreibe in dein Heft.
Übe mit einem Partnerkind oder nutze den QR-Code.

3 Kontrolliere deinen Text mit der Vorlage auf Seite 60.
Schreibe deine Fehlerwörter oder Fehlersätze richtig auf.
Markiere schwierige Stellen im Wort.

So zufrieden bin ich:

Diktat 5: Texte

Text 1
Auf dem Schulhof
Nach der Pause gehen wir pünktlich in die Klasse.
Vorher sollen wir uns ordentlich aufstellen.
Einige Kinder haben Verspätung.
Frau Stolz versteht das nicht und ist ein bisschen unfreundlich.
Sie hält uns einen deutlichen Vortrag über Pünktlichkeit.

Text 2
Die Verletzung
Nach dem Sportunterricht müssen wir uns beeilen,
damit wir pünktlich zum Deutschunterricht kommen.
Gestern hatte Nina eine Verletzung.
Darum hatten wir beide deutlich Verspätung.
Die Klassentür war schon geschlossen.
Wir waren ein wenig ängstlich.
Vorsichtig haben wir vor der Tür gelauscht.
Drinnen war es richtig ruhig. Frau Stolz hielt einen Vortrag.
Wir klopften vorsichtig. Frau Stolz holte uns freundlich in die Klasse.

Text 3
Der Schulstreich
Vorgestern haben wir in der Schule einen lustigen Streich gespielt.
Die ganze Gruppe hat sich im Vorraum versteckt.
Alle sollten richtig ruhig sein, aber das war wirklich schwierig.
Wir hatten die Rechnung ohne unseren Lehrer gemacht.
Er hat uns natürlich gehört und war deutlich verärgert.
Die Klassensprecher mussten eine Erklärung abgeben,
wer das vorgeschlagen hat.
Sie wollten aber nicht die Wahrheit sagen und keinen verraten.
Darüber war die Mehrheit fröhlich.
Wegen der Verletzung der Schulordnung
mussten wir eine unendlich lange Erzählung lesen.

Du willst noch mehr üben?
Hier findest du weitere Diktatsätze:

Verwandte Wörter mit o und ö schreiben

Wörter mit **o** haben oft **verwandte Wörter** mit **ö**.

der Sohn, die Söhne, versöhnen

1 Lies die Wörter. Male die verwandten Wörter in der gleichen Farbe an.

Fröhlichkeit	Schloss	Hof	fröhlich	groß
Schlösser	hoch	froh	Größe	geschlossen
trösten	Hochhaus	Höhe	gekörnt	vertrösten
Korn	öffnen	Trost	Öffnung	größer
höher	Körner	höflich	Höfe	offen

2 Schreibe die verwandten Wörter aus Aufgabe 1 zusammen auf. Markiere **o** und **ö**.

Fröhlichkeit – froh – fröhlich,

3 Bilde die Vergleichsstufen der Adjektive.

Grundform	1. Vergleichsform	2. Vergleichsform
schön	schöner	am schönsten
groß		am
hoch		am

Verwandte Wörter mit u und ü schreiben

Wörter mit **u** haben oft **verwandte Wörter** mit **ü**.

er Fluss, die Flüsse, flüssig

1 Lies die Wörter. Male die verwandten Wörter in der gleichen Farbe an.

Flüsse	natürlich	füttern	früh	Schnur
gefühllos	schnüren	Frühstück	Frucht	Grüße
Natur	Gefühl	Futter	fühlen	Grußkarte
flüssig	befruchten	früher	grüßen	Früchte
gefüttert	Schnürschuh	Fluss	Gruß	Futternapf

2 Schreibe die verwandten Wörter aus Aufgabe 1 zusammen auf. Markiere **u** und **ü**.

Flüsse – Fluss – flüssig,

3 Bilde die Vergleichsstufen der Adjektive.

Grundform	1. Vergleichsform	2. Vergleichsform
dünn	dünner	am dünnsten
jung		am
klug		am

Verwandte Wörter mit a und ä schreiben

Wörter mit **a** haben oft **verwandte Wörter** mit **ä**.

die Fähre, fahren, das Fahrrad

1 Lies die Wörter. Male die verwandten Wörter in der gleichen Farbe an.

Angst	ganz	anders	ängstlich	Ergänzung
hängen	kälter	ergänzen	Land	kalt
klar	Fahrrad	Landung	Hänge	ändern
erklären	Hang	Änderung	Fähre	Erklärung
landen	Kälte	fahren	ängstigen	Länder

2 Schreibe die verwandten Wörter aus Aufgabe 1 zusammen auf.
Markiere **a** und **ä**.

Fähre – fahren – Fahrrad,

3 Schreibe zu den Wörtern zwei verwandte Wörter.

erkälten	verändern	verängstigt	gänzlich

Verwandte Wörter mit a und ä schreiben

1 Setze passende Wörter von Seite 63 ein. Einige musst du verändern. Achte auf die vorgegebenen Buchstaben.

Ich fahre mit dem Fa__________ durch die Kä__________.

Ich habe An__________ mich zu er__________.

Ich sause einen Ha__________ hinunter.

Manche sind än__________ und schieben das Fa__________.

Am Fluss warte ich auf die Fä__________.

Sie än__________ gerade die Fahrtrichtung.

Ich er__________ einem Mann den Weg.

Eine Frau er__________ meine Er__________.

2 Bilde die Vergleichsformen der Adjektive.

Grundform	1. Vergleichsform	2. Vergleichsform
nah	näher	am nächsten
lang		am
glatt		am
kalt		am
alt		am
hart		am
stark		am
schwach		am
warm		am

Verwandte Wörter mit au und äu schreiben

Wörter mit **au** haben oft **verwandte Wörter** mit **äu**.

träumen, der Traum, die Träume

1 Lies die Wörter. Male die verwandten Wörter in der gleichen Farbe an.

aufräumen	laufen	Gebäude	Haufen	Häuser
Läufer	äußerlich	Fäustlinge	bauen	verkaufen
anbauen	Räuber	Räume	Haus	du läufst
Raum	Faust	Verkäufer	äußern	häufig
häuslich	außen	Fäuste	anhäufen	Raub
einkaufen	gelaufen	rauben	Äußerung	gekauft

2 Schreibe die verwandten Wörter aus Aufgabe 1 zusammen auf.
Markiere **au** und **äu**.

aufräumen – Räume – Raum,

Verwandte Wörter mit au und äu schreiben

1 Finde ein verwandtes Wort mit **au**. Schreibe es auf.
Markiere **au** und **äu**.

Bäume	Träume	Schäume	Zäune
Baum			
Mäuse	Häute	Sträucher	Bäuche
Räuber	Kräuter	Schläuche	Läuse

2 Finde ein verwandtes Wort mit **au**. Schreibe es auf.
Markiere **au** und **äu**.

Geräusche	räuchern	Bräute	häuten
rauschen			
Gebäude	Fäulnis	Mäuler	Häupter
Bräuche	Käuze	Gäule	Säume
täuschen	Fräulein	Geräusch	käuflich
Schäufelchen	räumlich	äußern	Mäuschen
läuten	Kräuter	Bäuchlein	geschäumt

Diktat 6: Wörter ableiten

1 Lies die Texte auf Seite 68. Wähle einen Text aus und kreuze an.

◯ Text 1 ◯ Text 2 ◯ Text 3

2 Lass dir den Text diktieren. Schreibe in dein Heft.
Übe mit einem Partnerkind oder nutze den QR-Code.

3 Kontrolliere deinen Text mit der Vorlage auf Seite 68.
Schreibe deine Fehlerwörter oder Fehlersätze richtig auf.
Markiere schwierige Stellen im Wort.

So zufrieden bin ich:

Text 1
Der Ausflug
Nach dem Frühstück fahren wir zum alten Schloss.
Es ist das älteste Gebäude in der Umgebung.
Wir fahren mit den Fahrrädern durch die schöne Natur.
Der Fluss schlängelt sich durch die Kornfelder und Gärten.
Der Weg führt an Bäumen, Sträuchern und Zäunen vorbei.
Es geht immer höher, bis wir den Schlossberg auf der Höhe erreichen.

Text 2
Der Ausflug
Nach dem Frühstück fahren wir ganz früh zum alten Schloss.
Es ist noch kühl, als wir mit den Fahrrädern durch die schöne Natur fahren. Das Schloss ist das älteste Gebäude in der näheren Umgebung.
Der Fluss schlängelt sich zu seinen Füßen durch die Kornfelder und Gärten.
Unser Weg führt an großen Bäumen, Sträuchern und häufig an Zäunen vorbei.
Es geht immer höher, bis wir den Schlossberg auf der Höhe erreichen.

Text 3
Der Ausflug
Nach einem kurzen Frühstück fahren wir Freunde ganz früh zum alten Schloss.
Es ist noch kühl, als wir mit den Fahrrädern durch die schöne Natur fahren. Es gibt hier einige alte Schlösser, aber dieses Schloss ist das älteste Gebäude in der näheren Umgebung.
Der Fluss schlängelt sich zu seinen Füßen durch die reifen Kornfelder.
Unsere Fahrt führt vorbei an eingezäunten Gärten mit großen Bäumen und Sträuchern mit vielen Früchten.
Es geht immer höher hinauf, bis wir den Schlossberg auf der Höhe erreichen.
Wir fühlen uns fröhlich und genießen die Natur und die Aussicht.

Du willst noch mehr üben?
Hier findest du weitere Diktatsätze:

Wörter mit C/c und Ch/ch üben

Wörter mit **C/c** und **Ch** sind **Merkwörter**.

der Cent, clever   **der Chor, chinesisch**

1 Lies die Nomen. Markiere **C/c** und **Ch/ch**.

Cent Clown Comic Code Computer Cousin

Cousine Chance Chef Chor Christ Christbaum

2 Schreibe die Nomen aus Aufgabe 1 ab. Markiere **C/c, Ch/ch**.

Cent, ______________________________

____

____

3 Setze Nomen aus Aufgabe 1 in die Sätze ein.

Ich singe in einem ____Chor____.

Oma schreibt jeden Tag am ______________________.

Mein Bruder liest in einem ______________________.

Ich habe 50 ______________________ von meinem Geld verloren.

Der ______________________ meiner Mutter hat angerufen.

Mein Vater hat einen ______________________ in Schweden.

Beim Geburtstag meiner ______________________ tritt

ein ______________________ auf.

Ich gebe meinem Bruder eine zweite ______________________.

Im Dezember freuen wir uns auf den ______________________.

Wörter mit chs üben

Wörter mit **chs** sind **Merkwörter**.

der Fuchs, wechseln

1 Lies die Wörter. Markiere **chs**.

Fuchs Luchs Dachs Lachs Wachs Ochse Echse sechs
wachsen Gewächs wechseln am höchsten am nächsten

2 Schreibe die Wörter aus Aufgabe 1 ab. Markiere **chs**.

Fuchs, ____________________

____

____

3 Löse die Rätsel mit Wörtern aus Aufgabe 1.

Welches Tier ist schwarz und weiß? Es ist der Dachs. 

Welches Tier hat ein rötliches Fell? Es ist der ____________. 

Welches Tier ist ein Rind? Es ist der ____________. 

Welches Tier ist ein Fisch? Es ist der ____________. 

Welches Tier gehört zu den Wildkatzen? Es ist der ____________. 

Woraus besteht eine Kerze. Sie besteht aus ____________. 

Worin wachsen viele Pflanzen? Sie wachsen im ____________. 

4 Lass dir Wörter dieser Seite von einem anderen Kind diktieren.

____

Wörter mit doppelten Vokalen üben

Wörter mit **aa**, **ee** und **oo** sind **Merkwörter**.

das Haar, der See, doof

1 Lies die Wörter. Markiere **aa, ee, oo.**

Paar Haar paar Saal Waage

Boot Moos Zoo doof

See Schnee Tee Beet Beere Idee Meer leer

2 Schreibe die Wörter aus Aufgabe 1 ab. Markiere **aa, ee, oo.**

aa Paar,

oo

ee

3 Schreibe die Nomen in der Einzahl und Mehrzahl auf.

	ein Paar – viele Paare
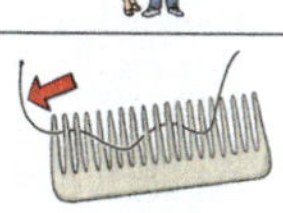	ein

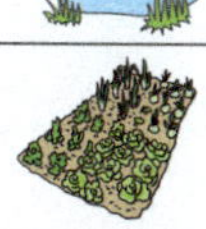	

Wörter mit nicht ableitbarem ä üben

Einige **Wörter mit ä** haben **kein verwandtes Wort mit a**.
Man kann sie nicht ableiten. Es sind **Merkwörter**.

der Bär, ungefähr

1 Lies die Wörter. Markiere **ä**.

Bär Käfer Käfig Mädchen Lärm Träne Säge

nämlich spät während ungefähr ähnlich säen

2 Schreibe die Wörter aus Aufgabe 1 ab. Markiere **ä**.

Bär, ______________________________

____

____

3 Setze Wörter aus Aufgabe 1 in die Sätze ein.

Das __Mädchen__ sieht seiner Schwester sehr ______________.

Der ______________ läuft im ______________ hin und her.

Ich komme heute Abend ______________. Es wird ______________

zwei Stunden dauern. Wir ______________ Radieschen und Möhren

ins Beet. ______________ der Pause spielen wir draußen.

Ich komme heute, weil ich morgen ______________ keine Zeit habe.

Die Autobahn macht viel ______________.

4 Lass dir Wörter und oder einen Satz dieser Seite von einem anderen Kind diktieren.

____

Wörter mit nicht ableitbarem äu üben

Einige **Wörter mit äu** haben **kein verwandtes Wort mit au**.
Man kann sie nicht ableiten. Es sind **Merkwörter**.

die Säule, räuspern

1 Lies die Wörter. Markiere **äu**.

Knäuel   Säule   täuschen   sträuben   räuspern

2 Schreibe die Wörter aus Aufgabe 1 ab. Markiere **äu**.

Knäuel, ______________________________

3 Setze Wörter aus Aufgabe 1 in die Sätze ein.

Die Katze spielt mit dem ___Knäuel___ roter Wolle.

Nina muss sich immer wieder ______________.

Das Gebäude wird von vielen ______________ getragen.

Der kleine Junge ______________ sich ins Bett zu gehen.

Lass dich von der Sonne nicht ______________, es ist noch kühl.

4 Lass dir Wörter und oder Sätze dieser Seite von einem anderen Kind diktieren.

____

____

____

____

____

Wörter mit Dehnungs-h üben

Vor den Buchstaben l, m, n oder r steht manchmal ein **h**, das man nicht hört.
Der **Vokal** davor **klingt lang**.
Wörter mit Dehnungs-h sind **Merkwörter**.

führen, die Höhle

1 Lies die Wörter. Markiere **h**.

Gefahr Fehler Fahrrad ihr Frühstück Höhle
ihm Huhn Stuhl kühl Wohnung Zahl Zahn
fahren erzählen kühlen fühlen führen bohren ihnen
hohl ehrlich fröhlich Lehrer ihn kahl gefährlich

2 Schreibe die Wörter geordnet auf. Markiere **h**.

ah Gefahr, ______

eh ______

oh ______

uh ______

äh ______

öh ______

üh ______

ih ______

3 Schreibe die Adjektive aus Aufgabe 1 auf.

______

Wörter mit Dehnungs-h üben

1 Schreibe die Nomen in der Mehrzahl auf. Markiere **h**.

ein Zahn – viele Zähne	eine Höhle –
ein Fehler –	ein Fahrrad –
ein Huhn –	ein Stuhl –
ein Lehrer –	eine Zahl –
eine Gefahr –	eine Wohnung –

2 Schreibe in verschiedenen Formen. Markiere den Wortstamm.

Grundform	ich	du	er
fahren	fahre	fährst	fährt
erzählen			
kühlen			
fühlen			
führen			
bohren			
fehlen			
zählen			
wohnen			

3 Male die Wörter einer Wortfamilie in der gleichen Farbe an.

Zahn	erzählen	Zahnarzt	kühl	Kühlschrank
Höhle	zahnen	hohl	zahlreich	Zahnärztin
Zahl	Zähne	Zähler	verkühlen	Backenzahn
Hohlraum	Erzählung	ausgehöhlt	gezählt	kühlen

Häufigkeitswörter sind meistens kurz und kommen in allen Texten häufig vor. Man muss sich ihre Schreibweise **merken**.

1 Lies die Wörter. Markiere schwierige Stellen.

sehr bis bloß da dem gern hat
wir wo zu ohne den jetzt mit mir mich
uns was weg mehr ihr ihn ihnen des dich dir
kann kein man nach nicht noch nun nur
zur zum beim oder sich sie so ihm um

2 Schreibe die Wörter aus Aufgabe 1 geordnet auf. Markiere.

7 Wörter mit Dehnungs-h	sehr,
3 Wörter mit z	
6 Wörter mit ch	
1 Wort mit g am Ende	
5 Wörter mit nur 2 Buchstaben	
21 Wörter mit 3 Buchstaben	
2 Wörter mit ei	
3 Wörter mit 5 Buchstaben	
8 Wörter mit r am Ende	
alle anderen Wörter	

Häufigkeitswörter üben

1 Schreibe jedes Wort mehrmals in verschiedenen Farben.
Markiere die schwierige Stelle.

man	man man man man
dir	
bloß	
jetzt	
gern	
uns	
ihn	
weg	
nur	
ohne	
mehr	
beim	
nun	
ihr	
mit	

2 Wähle sechs Häufigkeitswörter aus. Schreibe sie noch zweimal.

Häufigkeitswörter üben

1 Setze die Wörter passend in die Sätze ein.

jetzt mit dir ~~kann~~
Ich kann ________ ________ ________ spielen.

ihn zu mir nicht mehr nach
Ich lade ________ ________ ________ ________ ________ ________ Hause ein.

sehr dir gern wir beim
________ helfen ________ ________ ________ ________ Tisch decken.

sie dich sich um nun
________ kümmert ________ ________ ________ ________.

so sich sie sehr hat
Das ________ ________ ________ ________ ________ gewünscht.

2 Markiere die Häufigkeitswörter in den Sätzen.

Nun ist sie wieder weg.

Wir kommen sehr gern zu dir.

Ich finde ihn nicht mehr.

Ich bin noch nicht zu Hause.

Lass mich jetzt bloß in Ruhe!

Komm doch heute zu mir!

3 Schreibe eigene Sätze mit vielen Häufigkeitswörtern.

____

____

____

Diktat 7: Wörter merken

1 Lies die Texte auf Seite 80. Wähle einen Text aus und kreuze an.

○ Text 1 ○ Text 2 ○ Text 3

2 Lass dir den Text diktieren. Schreibe in dein Heft.
Übe mit einem Partnerkind oder nutze den QR-Code.

3 Kontrolliere deinen Text mit der Vorlage auf Seite 80.
Schreibe deine Fehlerwörter oder Fehlersätze richtig auf.
Markiere schwierige Stellen im Wort.

So zufrieden bin ich:

Text 1
Ein Loch im Zahn
Ich muss zum Zahnarzt.
Mein Backenzahn hat ein Loch.
Nach einer Weile bin ich an der Reihe.
Der Zahnarzt kümmert sich um meine Zähne.
Er muss jetzt bohren.
Das hört sich sehr gefährlich an.

Text 2
Ein Loch im Zahn
Ich esse gerne süße Sachen.
Nun habe ich ein Loch im Backenzahn.
Der Zahn tut weh, da hilft auch nicht zu kühlen.
Ich muss jetzt zum Zahnarzt, er muss mir helfen.
Ich sitze auf dem Stuhl und wäre lieber weg.
Der Zahnarzt kümmert sich um meine Zähne.
Er muss jetzt bohren. Das hört sich sehr gefährlich an.

Text 3
Ein Loch im Zahn
Ich esse zu gern Schokolade und noch mehr süße Sachen.
Nun habe ich beim Zähne putzen ein Loch im Backenzahn entdeckt.
Der Zahn tut auch schon etwas weh, da hilft auch nicht zu kühlen.
Ich muss jetzt zum Zahnarzt, er muss mir helfen.
Ich sitze auf dem Stuhl und wäre eigentlich lieber weg.
Der Zahnarzt kümmert sich sehr freundlich um meine Zähne.
Er muss jetzt bohren. Das hört sich sehr gefährlich an.
Aber das Loch ist noch klein, ich fühle keinen Schmerz.

Du willst noch mehr üben?
Hier findest du weitere Diktatsätze: